Tausend Jahre an einem Tag

KRISHNAMURTI

TAUSEND JAHRE AN EINEM TAG

BRIEFE AN EINEN FREUND

VERLAG
H. J. MAURER

Des Text des vorliegenden Buches ist ein Auszug aus der großen Krishnamurti-Biographie von Pupul Jayakar:
Krishnamurti – Ein Leben in Freiheit,
ISBN 3-929345-18-8,
die ebenfalls im *Verlag Hans-Jürgen Maurer* erschienen ist.

Herausgegeben von Eliaz Caden.

2. Auflage 2004
Deutsche Ausgabe:

Aus dem Englischen von Christine Bendner.
Umschlaggestaltung: Peter Krafft, Bad Krozingen

Verlag Hans-Jürgen Maurer
Postfach 207
D - 79002 Freiburg
www.verlaghjmaurer.de

ISBN 3-929345-19-6

Vorwort

Zwischen 1948 und den frühen sechziger Jahren war es relativ einfach, mit Krishnaji in Kontakt zu kommen. Viele Menschen suchten ihn auf, um mit ihm zu sprechen oder ihn um Rat zu bitten. Diese Beziehungen entwickelten sich auf Spaziergängen, bei Gesprächen unter vier Augen und manchmal durch einen regen Briefwechsel. Die folgenden Briefe schrieb Krishnaji an einen jungen Freund, der an Körper und Seele verwundet zu ihm kam. In diesen Briefen, die zwischen Juni 1948 und März 1960 geschrieben wurden, offenbaren sich Krishnajis Mitgefühl und seine außergewöhnliche Klarheit: Trennung und Distanz scheinen zu verschwinden, die Worte fließen aus seiner Feder, und doch ist nicht ein einziges Wort überflüssig – in seiner Lehre liegt Heilkraft.

Sei geistig beweglich. Kraft liegt nicht darin, daß man unbeweglich und stark ist, sondern in der Anpassungsfähigkeit. Der biegsame Baum bleibt im Sturm stehen. Erwirb die Kraft eines flexiblen Bewußtseins.

Das Leben ist seltsam, so viele Dinge geschehen unerwartet, aber Dein Widerstand wird Dir nicht helfen, auch nur ein einziges Problem zu lösen. Man braucht unendliche Anpassungsfähigkeit und ein ruhiges Herz.

Das Leben ist wie die Schneide einer Rasierklinge; man muß versuchen, mit äußerster Achtsamkeit und Weisheit auf diesem Pfad zu gehen.

Das Leben ist so reich, birgt so viele Schätze, aber wir gehen mit leeren Herzen hindurch; wir wissen nicht, wie wir unsere Herzen mit dem überfließenden Reichtum des Lebens füllen können. Wir sind innerlich arm, und wenn uns das Leben seine Schätze anbietet, weisen wir sie zurück. Liebe ist eine gefährliche Angelegenheit, aber sie allein kann eine innere Umwälzung bewirken und uns wahrhaft glücklich machen. So wenige von uns wissen wirklich, was Liebe ist; so viele wollen die Liebe nicht. Wir lieben nach unseren eigenen Vorstellungen und Bedingungen und machen aus der Liebe ein Geschäft. Wir haben Krämerseelen, aber die Liebe läßt sich nicht vermarkten, sie ist kein Tauschgeschäft. Sie ist ein Seinszustand, in dem alle Probleme des Menschen sich auflösen. Wir gehen mit einem Fingerhut zum Brunnen, und so wird das Leben zu einer kümmerlichen Angelegenheit, ärmlich und dumpf. Die Erde könnte ein so schöner Ort sein; da ist soviel Lieblichkeit, soviel Herrlichkeit, soviel unvergängliche Schönheit. Doch wir sind gefangen in unserem Leid und sind nicht einmal daran interessiert, unser Gefängnis zu verlassen, selbst dann nicht, wenn jemand uns einen Weg in die Freiheit zeigt.

Man muß vor Liebe lodern. Sie ist wie eine unzerstörbare Flamme. Man hat so viel davon, daß man sie mit jedem teilen möchte und es auch tut. Sie ist wie ein kraftvoller Fluß, der jede Stadt und jedes Dorf fruchtbar machen kann. Er wird verschmutzt, weil der Mensch seinen Abfall hineinleert; aber dieses Wasser reinigt sich selbst und fließt munter weiter. Nichts kann die Liebe zerstören, denn alle Dinge lösen sich in ihr auf – das Gute und das Böse, das Häßliche und das Schöne. Die Liebe ist das einzige, das seine eigene Ewigkeit in sich trägt.

Die Bäume sind so majestätisch; sie scheren sich nicht um die geteerten Straßen des Menschen und all seine Hast. Ihre Wurzeln reichen tief in die Erde, und ihre Äste strecken sich dem Himmel entgegen. Auch wir sind in der Erde verwurzelt, und das ist gut und richtig so, aber die meisten von uns kriechen über die Erde, nur wenige haben den Mut, sich aufzurichten und sich dem Himmel entgegenzustrecken. Sie sind die einzigen kreativen und glücklichen Menschen. Der Rest der Menschheit ist damit beschäftigt, sich gegenseitig zu zerstören und sich diese wunderbare Erde zur Hölle zu machen. Sei offen. Lebe in der Vergangenheit, wenn es sein muß, aber kämpfe nicht gegen sie. Wenn die Vergangenheit Dich einholt, dann schau sie Dir an, schiebe sie nicht weg, aber klammere Dich auch nicht daran. Die Erfahrung all dieser Jahre, die Schmerzen und die Freude, die harten Schläge und die Momente, in denen kurz das Gefühl der Distanz aufblitzte, das Gefühl, weit weg von allem zu sein, all das trug dazu bei, Dein Leben reicher und schöner zu machen. Was Du in Deinem Herzen hast, das allein zählt. Und da Dein Herz überfließt, hast Du alles, bist Du alles.

Achte auf Deine Gedanken und Gefühle und laß nicht einen einzigen Gedanken, nicht ein einziges Gefühl entwischen, ohne es Dir bewußt gemacht und seinen Inhalt verarbeitet zu haben. Verarbeiten ist nicht das richtige Wort; es geht darum, den gesamten Inhalt des Fühlens und Denkens zu *sehen.* Es ist so, als ob man einen Raum betritt und das gesamte Interieur des Raumes auf einmal sieht – seine Atmosphäre und seine Maße wahrnimmt. Das bewußte Wahrnehmen der eigenen Gedanken und Gefühle macht uns ungeheuer empfindsam, flexibel und achtsam. Verurteile und richte nicht, aber sei äußerst wachsam.

Aus dem Müll kommt pures Gold hervor. Wirklich zu sehen, »was ist«, ist eine ziemlich mühsame Angelegenheit. Wie kann man klar beobachten? Wenn ein Fluß auf ein Hindernis trifft, bleibt er nicht stehen; er muß weiterfließen. Er rebelliert, könnte man sagen, auf intelligente Weise gegen das Hindernis. Man muß auf intelligente Art rebellieren und das, »was ist«, auf intelligente Weise annehmen. Um das, »was ist«, wirklich wahrnehmen zu können, muß man ein intelligenter Rebell sein, aber wir sind meistens so begierig darauf, das zu bekommen, was wir wollen, daß wir gegen das Hindernis anrennen. Entweder wir zerbrechen daran, oder wir erschöpfen uns im Kampf gegen das Hindernis. Wenn man das Seil als Seil erkennt, muß man nicht mutig sein. Wenn man aber das Seil für eine Schlange hält, braucht man sehr viel Mut, hinzugehen und es anzuschauen. Man muß zweifeln, stets auf der Suche sein, das Falsche als das Falsche erkennen. Durch Achtsamkeit erlangen wir die Fähigkeit, klar zu sehen. Du wirst es feststellen. Man muß handeln. Der Fluß steht nie still, ist immer aktiv. Um handeln zu können, muß man sich in einem Zustand der Negierung befinden, denn dieses Negieren bringt seine eigenen, positiven

Handlungen hervor. Wenn wir flexibel, biegsam und anpassungsfähig sind, gibt es kein falsches oder richtiges Handeln.

Man muß innerlich klar sein. Dann wird alles seinen richtigen Gang gehen, das versichere ich Dir. Sei klar, und Du wirst sehen, daß die Dinge sich in die richtige Richtung entwickeln, ohne daß Du etwas dazu tust. Aber das Richtige ist nicht unbedingt das, was man sich wünscht.

Es muß eine totale Umwälzung stattfinden – nicht nur im Großen, sondern auch in den kleinen, alltäglichen Dingen. Bei Dir hat diese Umwälzung bereits begonnen, aber Du solltest Dich damit nicht zufriedengeben. Geh weiter! Laß das innere Feuer nicht ausgehen.

Ich hoffe, Du hattest eine angenehme Nacht, einen schönen Sonnenaufgang vor Deinem Fenster und Muße, still in den Abendhimmel zu schauen, bevor Du zu Bett gingst. Wie wenig wissen wir doch über die Liebe, ihre außerordentliche Zartheit und »Macht«. Wie schnell und unbedacht benutzen wir das Wort »Liebe«. Der General benutzt es, der Metzger benutzt es, der Reiche und der junge Mann und das junge Mädchen benutzen es. Aber wie wenig wissen sie von der Liebe, von ihrer Unendlichkeit, ihrer Unsterblichkeit, ihrer Unfaßbarkeit. Zu lieben heißt, sich der Ewigkeit bewußt zu werden.

Was ist Beziehung? Wie schnell lassen wir eine bestimmte Beziehung zu einer Gewohnheit werden, nehmen sie als selbstverständlich hin, richten uns in einer bestimmten Situation ein und tolerieren keine Abweichung. Wir lassen nicht die geringste

Unsicherheit zu, nicht einmal für eine Sekunde. Alles ist so geregelt, so abgesichert, so festgefahren, daß nicht die geringste Chance besteht, daß ein frischer Wind, ein Frühlingshauch, unsere Beziehungen belebt. Das nennen wir Beziehung. Wenn wir aber genau hinschauen, sehen wir, daß eine Beziehung etwas viel Subtileres ist; flüchtiger als ein Blitz und doch unermeßlich groß, denn Beziehung ist Leben, und Leben bedeutet Konflikt. Wir möchten unsere Beziehungen zu etwas Festgefügten machen, möchten, daß sie leicht zu handhaben sind. Und so verlieren sie ihren Duft, ihre Schönheit. All das geschieht, weil wir nicht wirklich lieben. Zu lieben ist das Höchste von allem, denn in der Liebe müssen wir uns selbst völlig vergessen.

Das Frische, Neue ist das Wesentlichste; andernfalls wird das Leben zur Routine, zu einer Gewohnheit. Doch Liebe ist keine Gewohnheit, keine langweilige Angelegenheit. Die meisten Menschen haben völlig ihre Fähigkeit zu staunen verloren. Sie nehmen alles als selbstverständlich hin, aber dieses trügerische Gefühl der Sicherheit zerstört die

Freiheit und das Staunen über die Unwägbarkeiten des Lebens.

Wir projizieren stets in die Zukunft, weit weg von der Gegenwart. Doch um das Leben zu verstehen, bedarf es der Aufmerksamkeit in der Gegenwart, und diese Aufmerksamkeit ist immer mit einem Gefühl der Unmittelbarkeit verbunden. Zu versuchen, die eigenen Intentionen und Motive klar zu sehen, ist eine mühevolle Aufgabe.

Unsere Intentionen sind wie eine Flamme, die uns ständig drängt, den Dingen auf den Grund zu gehen. Sei klar in Deinen Absichten, und Du wirst sehen, daß die Dinge sich von selbst regeln. Sei in der Gegenwart klar, mehr ist nicht nötig; aber das ist nicht so einfach, wie es sich anhört. Man muß das Feld für die neue Saat bereiten, und wenn die Saat dann gesät wurde, bringt sie durch ihre eigene Kraft und Vitalität die Frucht und die neue Saat hervor. Äußerliche Schönheit kann niemals von Dauer sein, sie verfällt, wenn keine innere Schönheit und Freude da ist. Wir kultivieren das Äußerliche und schenken dem Inneren so wenig Beachtung, aber das Äußere wird stets durch das Innere bestimmt. Es ist der Wurm im Innern, der den Apfel zerstört.

Es erfordert hohe Intelligenz von einem Mann und einer Frau, miteinander zu leben, das Ego zu vergessen und sich doch weder für den anderen aufzugeben, noch zu versuchen, ihn zu dominieren. Beziehung ist die schwierigste Sache der Welt.

Die Atmosphäre, in der wir leben, beeinflußt uns so stark; man braucht eine freundliche Aufmerksamkeit, die warme Anteilnahme des anderen, in der man frei und natürlich aufblühen kann. So wenige von uns leben in einer solchen Atmosphäre. Die meisten werden am Wachstum gehindert, physisch und psychisch. Es überrascht mich, daß die Atmosphäre, in der Du leben mußtest, Dein Wesen nicht pervertiert hat. Aber der Grund, weshalb Du nicht völlig verkrüppelt und zerstört wurdest, liegt vielleicht darin, daß Du Dich äußerlich so schnell wie möglich angepaßt und innerlich in ein Schneckenhaus zurückgezogen hast. Diese innere Empfindungslosigkeit war Deine Rettung. Wärest Du innerlich offen und empfänglich geblieben, hättest Du es nicht ertragen können und wärst an diesem Konflikt zerbrochen. Jetzt, da Dein inneres Wesen wieder erwacht und voller Klarheit ist, gibt es keinen Konflikt mehr zwischen Dir und der Atmosphäre, in der Du lebst. Es ist dieser Konflikt, der die meisten von uns pervertiert, aber Du wirst stets unverletzt bleiben, wenn Du innerlich wach und aufmerksam bist und Dich äußerlich den Gegebenheiten anpaßt.

Die unechten Dinge sind so vergänglich. Selbst wenn man nur wenig besitzt, kann man ein durch und durch weltlicher Mensch sein. Der Wunsch nach Macht, in welcher Form auch immer, die Macht des Asketen, die Macht eines reichen Geschäftsmannes, die Macht des Politikers, selbst die Macht des Papstes, ist weltlich. Die Gier nach Macht führt zu Rücksichtslosigkeit und stärkt das Ego. Die selbstexpansive Aggressivität ist in ihrer Essenz Weltlichkeit. Demut ist Einfachheit, aber die kultivierte Demut ist wiederum nur eine andere Form von Weltlichkeit.

Sehr wenige Menschen sind sich ihrer inneren Wandlungen, Rückschläge, Konflikte und Perversionen bewußt. Und selbst wenn sie es sind, versuchen sie, sie von sich wegzuschieben oder davor wegzulaufen. Tu das nicht. Ich glaube nicht, daß Du es tun wirst, aber es ist ebenso gefährlich, überhaupt keine Distanz zu den eigenen Gefühlen und Gedanken zu haben. Man muß seine Gedanken und Gefühle ohne Furcht, ohne Druck anschauen. Die eigentliche Revolution hat in Deinem Leben bereits stattgefunden. Nun solltest Du sehr genau auf Deine Gedanken und Gefühle achten – laß sie aufsteigen, zensiere nicht, halte sie nicht zurück. Laß sie an die Oberfläche kommen, die zarten wie auch die gewalttätigen, aber mache sie Dir bewußt.

Bist Du mit Deinen Wünschen beschäftigt, falls Du welche hast? Die Welt ist ein schöner Ort, und wir tun alles, ihr zu entfliehen – durch Andacht, Gebete, unsere Vorlieben und Ängste. Wir wissen nicht einmal, ob wir reich oder arm sind, denn wir sind noch nie tief in unser Inneres vorgedrungen und haben entdeckt, »was ist«. Wir leben an der Oberfläche, sind mit so wenig zufrieden; unser Glück oder Unglück hängt von so geringfügigen Dingen ab. Unser mittelmäßiger Verstand kreiert mittelmäßige Probleme und mittelmäßige Lösungen; so verbringen wir unsere Tage. Wir lieben nicht, und wenn wir lieben, ist unsere Liebe stets mit Angst und Frustration, mit Leiden und Sehnsucht vermischt.

Es ist so wichtig, unschuldig zu sein, eine innere Unschuld zu bewahren. Erfahrungen sind unvermeidlich, vielleicht auch notwendig. Das Leben besteht aus einer Reihe von Erfahrungen, aber das heißt nicht, daß wir die Last sämtlicher Erfahrungen mit uns herumschleppen müssen. Wir können jede Erfahrung auswischen und wieder unschuldig werden – unbelastet. Das ist wichtig, andernfalls können wir niemals geistig frisch, wach und flexibel sein. Die Frage, »wie« man geistig beweglich bleibt, ist unwesentlich, denn die Frage nach dem »Wie« bedeutet, daß wir nach einer Methode suchen. Eine Methode kann uns unsere Unschuld jedoch nicht wiedergeben. Sie kann uns methodisches Vorgehen lehren, aber sie kann uns weder Unschuld noch Kreativität geben.

Gestern nachmittag begann es zu regnen, und heute nacht goß es in Strömen. Ich habe noch nie etwas Derartiges erlebt. Es war, als ob der Himmel sämtliche Schleusen geöffnet hätte. Gleichzeitig war da eine außergewöhnliche Stille, eine gewichtige Stille, so als ob ein großes Gewicht auf der Erde abgeladen würde. Es ist immer schwer, einfach und klar zu bleiben. Die Welt betet den Erfolg an – je größer, desto besser, je größer das Publikum, desto bedeutender der Redner, wir brauchen immer größere Gebäude, Autos, Flugzeuge. »Einfachheit« ist ein Fremdwort geworden. Aber es sind nicht die Erfolgreichen, die eine neue Welt schaffen. Um ein echter Rebell zu werden, muß eine völlige Wandlung in Herz und Geist stattfinden. Doch nur wenige haben den Wunsch, sich zu befreien. Man schneidet die oberflächlich sichtbaren Wurzeln ab, aber um die tiefliegenden Wurzeln der Mittelmäßigkeit, des Erfolgsstrebens abzuschneiden, bedarf es mehr als Worte, Methoden oder Zwänge. Es scheint nur wenige zu geben, aber sie sind die wirklichen Erbauer; der Rest arbeitet umsonst.

Man ist ständig damit beschäftigt, zu vergleichen – was man ist, was man sein sollte, was andere erreicht haben, die mehr Glück hatten. Diese Sucht nach Vergleich ist wahrhaft verderblich, sie ist demütigend und pervertiert unsere Wahrnehmung, aber wir werden dazu erzogen, zu vergleichen. Unser Schulsystem, unsere gesamte Kultur, basiert auf diesem Prinzip. Und so tobt in uns ein ständiger Kampf, ein ständiger Versuch, etwas anderes zu sein als wir sind. Wenn wir verstehen, was wir sind, wer wir sind, wird unsere Kreativität geweckt; der Hang zu vergleichen dagegen führt zu Konkurrenzdenken, Rücksichtslosigkeit, Ehrgeiz – Eigenschaften, die angeblich dem Fortschritt dienen. Doch unser sogenannter Fortschritt hat bisher nur grausame Kriege und größeres Leid über die Menschheit gebracht. Eine wirklich gute Erziehung verschont die Kinder vor Vergleichs- und Konkurrenzzwängen.

Es erscheint mir so seltsam, so unnötig, über diese Dinge zu schreiben. Das Wesentliche ist hier, und Du bist hier. Mit den echten Dingen ist es stets das gleiche – es ist so unnötig, über sie zu schreiben oder zu sprechen. Wenn wir es doch tun, scheint etwas zu geschehen, das sie verzerrt, verdirbt. Wir machen so viele Worte, die am Echten vorbeigehen. Dieser Drang, etwas zu erreichen, der in so vielen Menschen brennt, im Großen und im Kleinen. Man kann diesen Drang auf die eine oder andere Weise befriedigen, aber diese Befriedigung bringt es mit sich, daß die tieferen Dinge, das Echte, verblassen. In den meisten Fällen ist es doch so, nicht wahr? Die Befriedigung von Wünschen ist eine so lächerlich unwesentliche Sache, ganz gleich, wie angenehm sie uns erscheinen mag. Dieser Art von Erfüllung folgt die Langeweile auf dem Fuße, und das Echte verschwindet. Es ist wichtig, daß das Echte bleibt, und das Wunderbare ist – es bleibt, wenn wir keinen Gedanken an Wunscherfüllung verschwenden, sondern die Dinge einfach so sehen, wie sie sind.

Wir sind so selten allein; ständig sind wir von Menschen umgeben, mit Gedanken beschäftigt, die unseren Verstand überschwemmen, mit Hoffnungen, die sich noch nicht erfüllt haben oder sich erfüllen werden, mit Erinnerungen. Doch das Alleinsein ist sehr wichtig für den Menschen. Er muß sich von Zeit zu Zeit von sämtlichen Einflüssen befreien, muß sich innerlich reinigen. Doch für dieses Alleinsein scheint nie Zeit zu sein, man hat zuviel zu tun, zu viele Verpflichtungen und so weiter. Es ist notwendig, daß wir lernen, still zu sein, uns in unser Zimmer zurückzuziehen, dem Geist eine Pause gönnen. Liebe ist Teil dieses Alleinseins. Wenn wir einfach, klar und innerlich still sind, lodert diese Flamme in uns auf.

Das Leben ist vielleicht nicht einfach, aber je mehr man von ihm verlangt, desto angstbesetzter und leidvoller wird es. Ein einfaches, unbeeinflußtes Leben zu führen, obwohl alles und jedes ständig versucht, uns zu beeinflussen, ohne ständig wechselnde Stimmungen und Wünsche zu leben, mag nicht einfach sein, aber ohne diese tiefe innere Stille sind alle Dinge wertlos.

Wie klar der blaue Himmel ist, unendlich, zeitlos, ohne Raum. Entfernung und Raum sind eine Sache des Verstandes. »Hier« und »Dort« existieren zwar, aber mit dem Drang nach Wunscherfüllung werden sie zu psychischen Faktoren. Der Mind* ist ein seltsames Phänomen. So komplex und gleichzeitig so einfach strukturiert. Seine Komplexität

---

*Siehe Anmerkung auf Seite 86.

entsteht durch die vielen psychischen Zwänge. Sie sind es, die Konflikte und Schmerzen verursachen – die Widerstände und das Erreichenwollen. Es ist mühsam, sie sich bewußt zu machen, sie vorbeiziehen zu lassen, ohne sich darin zu verstricken. Das Leben ist wie ein unendlicher Fluß, und der Mind hält in seinem Netz die Dinge dieses Flusses zurück, behält sie oder verwirft sie. Da sollte aber gar kein Netz sein. Das Netz ist aus Zeit und Raum gewirkt; es ist dieses Netz, welches »Hier« und »Dort«, Glück und Unglück kreiert.

Der Stolz ist ebenfalls eine seltsame Sache. Wir sind stolz auf kleine Dinge, große Dinge, auf unseren Besitz, auf das, was wir erreicht haben, auf unsere Tugenden, auf unsere Rasse, unseren Namen, unsere Familie, auf unsere Fähigkeiten, unser Aussehen, unser Wissen. Wir benutzen all das, um unseren Stolz zu nähren, oder wir versuchen es mit Demut.

Das Gegenteil von Stolz ist nicht Demut. Es ist immer noch Stolz, wir nennen es nur Demut. Das Bewußtsein der eigenen Demut ist nur eine andere Form des Stolzes. Wir können nicht sein, ohne *etwas* zu sein. Wir mühen uns ab, dies oder jenes zu sein, wir können einen Zustand des »Nichts« nicht ertragen. Wenn der Zustand des »Nichtseins« eine neue Erfahrung ist, dann müssen wir diese Erfahrung »haben«, und der Versuch, still zu sein, wird zu einem weiteren Erfolgsziel. Wir müssen jegliches Streben hinter uns lassen, nur dann ...

Unsere Tage sind so leer; angefüllt mit Aktivitäten aller Art, Geschäften, Spekulationen, Meditation, Schmerz und Freude. Aber trotz all dieser Aktivitäten ist unser Leben leer. Nimm einem Mann seine Stellung, seine Macht, sein Geld – was bleibt? Er hatte alle diese äußeren Statussymbole, aber im Inneren ist er leer, hohl. Man kann nicht beides haben, den inneren und den weltlichen Reichtum. Der innere Reichtum übertrifft den äußeren bei weitem. Man kann der äußeren Dinge beraubt werden, äußere Ereignisse können alles zerstören, was wir uns mühsam aufgebaut haben, aber der innere Reichtum ist unzerstörbar, nichts kann ihn berühren, denn er wurde nicht durch den Mind erschaffen. Der Drang, etwas zu erreichen,

Wünsche zu befriedigen, ist in den meisten Menschen sehr stark, und sie verfolgen ihn um jeden Preis. Dieses Jagen nach Wunscherfüllung auf jede Weise und in jeder Richtung hält die Menschen beschäftigt. Falls sie ihre Ziele auf die eine Weise nicht erreichen, versuchen sie es auf eine andere, aber gibt es überhaupt so etwas wie Erfüllung? Diese Art von Erfüllung mag eine gewisse Befriedigung mit sich bringen, doch schon bald, wenn der Reiz des Neuen verflogen ist, gehen wir wieder auf die Jagd. Wenn wir diesen Mechanismus einmal wirklich durchschaut haben, hört die Jagd nach Erfüllung auf. Unser Streben, unsere Wünsche sind das Verlangen, etwas zu sein, etwas zu werden; wenn wir jedoch aufhören, etwas werden zu wollen, endet der ständige Kampf, das ständige Jagen nach Erfüllung.

Die Berge müssen allein sein. Es muß sehr schön sein, wenn der Regen in den Bergen niedergeht und die Regentropfen auf die stille Oberfläche eines Bergsees fallen. Wie gut die Erde riecht, wenn es regnet. Dann kommen alle Frösche heraus und fangen an zu quaken. Wenn es in den Tropen regnet, wird ein eigentümlicher Zauber spürbar. Alles wird reingewaschen, der Staub von den Blättern gespült, die Flüsse werden lebendig, und überall hört man das Geräusch von fließendem Wasser. Die Bäume bringen grüne Triebe hervor, und wo ausgedörrte karge Erde war, schießt frisches, wildes Gras aus dem Boden. Tausende von Insekten scheinen aus dem Nichts aufzutauchen, und die durstige Erde wird getränkt. Die Sonne scheint für eine Weile weniger unbarmherzig herab, und die Erde ist grün geworden; ein Ort der Schönheit und des Überflusses.

Der Mensch ist weiterhin damit beschäftigt, sich seine eigenen Probleme zu schaffen, aber die Erde ist wieder lieblich und voller Zauber.

Seltsam – wie sehr die meisten Menschen nach Anerkennung und Ruhm streben. Sie wollen berühmte Dichter, große Philosophen sein. Sie suchen nach etwas, das ihr Ego aufbläht. Es verschafft ihnen große Befriedigung, aber im Grunde ist es bedeutungslos. Ruhm nährt unsere Eitelkeit, füllt vielleicht unsere Taschen – und dann? Er schafft eine Distanz zwischen uns und den anderen, und diese Trennung bringt ihre eigenen Probleme mit sich, die ständig größer werden. Obwohl sie uns Befriedigung verschaffen mögen, sind Ruhm und Anerkennung keine Werte an sich. Die meisten Menschen jedoch sind in ihre Sucht nach Anerkennung verstrickt, in ihr Bestreben, etwas zu erreichen und ihre Wünsche zu erfüllen. Da sind Mißerfolge und das daraus resultierende Leiden unvermeidlich. Man muß beides hinter sich lassen – Erfolg und Versagen, Erfolg und Mißerfolg. Tu einfach, was Du gern tust, ohne Dich um das Ergebnis zu kümmern. Liebe kennt keine Belohnung oder Bestrafung. Es ist wirklich eine einfache Sache, wenn Liebe da ist.

Wie wenig Aufmerksamkeit schenken wir den Dingen, die uns umgeben; wir sehen und beobachten nicht wirklich, was um uns herum geschieht. Wir sind so ich-bezogen, so mit unseren Sorgen und Befürchtungen beschäftigt und damit, unseren Vorteil herauszuschlagen – wir haben keine Zeit zu beobachten und zu verstehen. Diese ständige innere Überaktivität macht uns abgestumpft und müde, frustriert und ängstlich, und dann versuchen wir, vor den Sorgen davonzulaufen. Aber solange das Selbst auf diese Weise aktiv ist, sind Abgestumpftheit und Frustration unvermeidlich. Die Menschen verlieren sich in einem wahnsinnigen Rennen, im Schmerz ihres ichbezogenen Leidens. Dieses Leid erwächst aus tiefer Gedankenlosigkeit. Die Achtsamen sind frei von Leid.

Wie schön doch ein Fluß ist. Ein Land, das keinen lebendigen, breiten, schönen Strom besitzt, ist kein Land. Am Ufer eines Flusses zu sitzen und das Wasser vorbeifließen zu sehen, die sanften Wellen zu beobachten, zu hören, wie sie gegen das Ufer plätschern; zu sehen, wie der Wind Muster aufs Wasser zeichnet, und die Schwalben zu beobachten, die mit ihren Flügeln die Wasseroberfläche streifen, die Insekten, die ins Wasser fallen – und von ferne, von der anderen Seite des Ufers, weht der Wind Stimmen oder den Klang einer Flöte herüber. An einem ruhigen Abend am Fluß zu sitzen, läßt allen Lärm im Innern verstummen. Das Wasser scheint uns auf wunderbare Weise zu reinigen; es spült den Staub der Erinnerungen hinweg und gibt uns diese Reinheit zurück, die ihm selbst innewohnt. Ein Fluß nimmt alles auf, die Toten, den Schmutz der Städte, durch die sein Weg ihn führt, und doch reinigt er sich stets innerhalb weniger Meilen wieder. Er nimmt alles an und bleibt doch er selbst und kümmert sich nicht um den Unterschied zwischen rein und unrein. Die Teiche, die kleinen Tümpel dagegen sind schon bald völlig verschmutzt, denn sie sind nicht lebendig, nicht fließend wie die großen, wohlriechenden Flüsse. Unser Verstand ist wie ein kleiner, morastig gewordener Tümpel. Es ist dieser kleine Tümpel, genannt Verstand, der urteilt, bewertet, analysiert und doch der kleine Krämer bleibt.

Das Denken hat eine Wurzel oder Wurzeln, es ist selbst die Wurzel. Reaktion ist unvermeidlich, solange wir leben, aber es geht darum, darauf zu achten, daß diese Reaktionen ihre Wurzeln nicht in der Gegenwart oder in der Zukunft verankern. Es ist unvermeidlich, daß Gedanken auftauchen, aber das wesentliche ist, sie zu sehen und ihre Wurzeln *unmittelbar* abzuschneiden. Über die Gedanken nachzudenken, sie zu untersuchen, damit zu spielen, heißt, sie zu nähren, ihnen zu erlauben, Wurzeln zu schlagen. Es ist wirklich wichtig, das zu verstehen. Zu sehen, wie der Verstand über die Gedanken nachdenkt, bedeutet, auf das Faktum zu reagieren. Die Reaktionen sind Traurigkeit und so weiter. Wir beginnen uns traurig zu fühlen, denken an zukünftige Ereignisse, zählen die Tage und so weiter. Das bedeutet, wir lassen die Gedanken, die sich um eine bestimmte Sache drehen, Wurzeln schlagen. Nun beginnen wir, darüber nachzudenken, wie wir uns wieder von ihnen befreien können. Das wird zu einem neuen Problem, einer weiteren Vorstellung. Über die Zukunft nachzudenken heißt, Wurzeln im Boden der Unsicherheit zu haben. Wirklich allein zu sein, sich nicht mit den Erinnerungen oder Problemen von gestern zu beschäftigen, allein und glücklich zu sein, ohne inneren oder äußeren Drang, heißt, einen freien, ungestörten Energiefluß zu erfahren. Allein sein. Einen Baum lieben. Wir verlieren unser Gefühl für die Bäume, deshalb verlieren wir auch die Liebe zu den Menschen. Wenn wir die Natur nicht lieben können, können wir auch die Menschen nicht lieben. Unsere Götter sind so klein und nichtssagend geworden – und unsere Liebe ebenfalls. Wir leben ein mittelmäßiges Leben ohne Glanz, aber da sind die Bäume, da ist der weite Himmel und der unerschöpfliche Reichtum der Erde.

Dein Geist muß klar sein, frei und ungebunden; das ist das Wesentliche. Du kannst aber nicht klar und bewußt sein, wenn Du voller Angst bist. Angst blockiert Dich. Wenn wir uns nicht mit unseren eigenen, selbstgeschaffenen Problemen konfrontieren, können wir nicht klar werden, können keine Tiefe erreichen. Nur wenn wir wirklich unsere innersten Triebe und Motive erforschen, unsere eigene Widersprüchlichkeit sehen und ohne Widerstände anerkennen, können wir diese innere Klarheit und Tiefe erreichen. Es geht nicht darum, einen scharfsinnigen Verstand zu entwickeln, sondern eine suchende, forschende, tastende Geisteshaltung, die uns nicht urteilen, Schlüsse ziehen oder festgefügte Meinungen vertreten läßt. Dieses Tastende, Suchende, ist das Wesentliche. Wir müssen lernen, zu lauschen und zu warten; mit den Tiefen zu spielen. Es geht auch nicht darum, diese Geisteshaltung irgendwann einmal zu entwickeln, sie muß von Anfang an da sein. Vielleicht hast Du sie schon; gib ihr eine Chance aufzublühen. Man muß ins Unbekannte gehen, darf nichts als selbstverständlich hinnehmen, keine Vermutungen hegen; man muß sich die Freiheit nehmen, herauszufinden, wie die Dinge wirklich sind; nur dann kann man zu einem tiefen Verständnis gelangen. Andernfalls bleibt man an der Oberfläche. Es geht nicht darum, etwas zu beweisen oder zu widerlegen, sondern darum, die Wahrheit herauszufinden.

Jegliche Vorstellung von Wandel oder die Tatsache des Wandels offenbart sich, wenn man nur das, »was ist« betrachtet. Das, »was ist«, ist nicht vom Denkenden getrennt. Der Denkende ist das, »was ist«. Es ist nicht möglich, inneren Frieden zu haben, wenn irgendein Ehrgeiz, irgendeine Hoffnung auf einen zukünftigen Zustand uns antreibt. Unsere Wünsche tragen unser Leiden in sich, und gewöhnlich sind wir voller Wünsche. Selbst ein einziger kann uns endlose Frustration bescheren, denn um sich nur von diesem einen Verlangen zu befreien, um es nur kennenzulernen, müssen wir sehr aufmerksam sein und sehr viel Energie investieren. Doch wenn wir einen Wunsch, ein Bestreben in uns entdecken, sollten wir kein Problem daraus machen. Das würde nämlich bedeuten, ihm Nahrung zu geben, indem wir ihn Wurzeln schlagen lassen. Laß ihn keine Wurzeln schlagen. Dieser eine Wunsch, dieses eine Verlangen kann die Ursache des ganzen Leides sein. Er verdunkelt das Leben, bringt Frustration und Schmerz mit sich. Mach Dir Deine Wünsche und Ambitionen einfach bewußt und laß sie nicht zu einem Problem werden.

Durch diese Landschaft fließt ein Fluß. Es ist kein ruhiges Wasser, das friedlich in den großen Strom mündet, sondern ein wilder, lebendiger Fluß. Das Land hier ist hügelig, und der Fluß hat viele Wasserfälle. An einer Stelle gibt es sogar drei Fälle nebeneinander. Da sie aus unterschiedlichen Höhen herabstürzen, entsteht dort ein ununterbrochenes Spiel der Klänge. Man muß intensiv lauschen, um die Musik zu hören. Es ist ein Orchester inmitten der Obstgärten, unter freiem Himmel, aber die Musik ist da. Man muß sie heraushören, muß lauschen, man muß Teil des fließenden Wassers werden, um seine Musik zu erkennen, muß Teil des Ganzen sein, um es hören zu können – Teil des Himmels, der Erde, der majestätischen Bäume, der grünen Felder und des fließenden Wassers –, nur dann kann man es hören. Das ist euch aber zuviel Mühe; ihr kauft euch eine Eintrittskarte und setzt euch in einen Saal, umgeben von anderen, und das Orchester spielt oder irgend jemand singt. Sie nehmen euch die ganze Arbeit ab; einer komponiert das Lied, die Musik, ein anderer spielt oder singt, und ihr bezahlt und hört zu. Außer einigen wenigen Dingen empfangen wir alles im Leben aus zweiter, dritter oder vierter Hand – unsere Götter, unsere Poesie, unsere Politik und unsere Musik. So bleibt unser Leben leer. Wir spüren diese Leere und versuchen, sie zu füllen – mit Musik, mit Göttern, mit Liebe, mit verschiedenen Formen der Flucht, und gerade dieses Füllen macht uns noch leerer. Schönheit ist nicht käuflich. So wenige von uns sind an echter Schönheit interessiert, die meisten geben sich mit den Dingen aus zweiter Hand zufrieden. Wirf all das Unechte fort, das ist die einzige, wahre Revolution. Nur dann kann echte Kreativität freigesetzt werden.

Es ist seltsam, wie sehr der Mensch in allen Dingen auf Kontinuität besteht; in Beziehungen, in seinen Traditionen, in der Religion, in der Kunst. Da gibt es kein Ende und keinen neuen Anfang. Wenn der Mensch keine Bücher, keine Führer hätte, niemanden, den er nachahmen, dem er folgen kann, wenn er völlig allein wäre und ihm all sein Wissen aus zweiter Hand nicht mehr zur Verfügung stünde, müßte er völlig von vorn anfangen. Natürlich müßte die Entscheidung, sich von all diesen Dingen zu befreien, seine eigene, spontane, freiwillige Entscheidung sein, andernfalls würde er verrückt, würde zum Neurotiker werden, denn nur wenige scheinen fähig, dieses absolute Alleinsein zu ertragen. Die Welt pflegt weiterhin ihre Traditionen – in der Kunst, der Musik, der Politik, ihren Göttern —, die seit jeher nur Elend über die Menschen gebracht haben. Auch heute geschieht in der Welt nichts anderes. Es gibt nichts Neues – nur Opposition und Gegenopposition. In der Religion herrscht weiterhin die alte Tradition von Angst und Dogma. In der Kunst bemüht man sich zwar darum, neue Wege zu finden, aber solange kein neues Bewußtsein herrscht, solange der Mensch das Neue mit seinen alten Ängsten vor dem Hintergrund seiner alten Traditionen und Erfahrungen sucht, ist diese Suche vergebens. Der Mensch muß zuerst ein neues Bewußtsein erlangen, sein Geist muß sich erneuern, und er muß sich vom Alten befreien, damit das Neue entstehen kann. – Das ist die wirkliche Revolution.

Der Wind bläst vom Süden her – dunkle Wolken und Regen – alles ist in Bewegung und erneuert sich in einem fort.

Der Bauer, der hier lebt, hatte ein wunderschönes Kaninchen, ein munteres, lebendiges Tier. Seine Frau trug es im Arm zu ihm hin, und eine der Frauen sagte: »Ich kann nicht hinsehen«, und der Mann tötete es. Dem Tier, das noch vor ein paar Minuten lebendig war und mit leuchtenden Augen in die Welt geblickt hatte, wurde von den Frauen nun das Fell abgezogen. Die Leute hier sind daran gewöhnt, Tiere zu töten, wie überall in der Welt. Die Religion verbietet ihnen nicht zu töten. In Indien, wo man den Kindern, zumindest im Süden bei den Brahmanen, seit Jahrhunderten beibringt, daß man nicht töten soll, daß es grausam ist zu töten, gibt es viele Kinder, die später durch die Umstände gezwungen wurden, über Nacht ihre Lebensart zu ändern. Sie essen Fleisch, sie werden Offiziere, deren »Aufgabe« es ist, zu töten und sich töten zu lassen.

Über Nacht ändern sich ihre Werte. Die Jahrhunderte einer bestimmten kulturellen Prägung werden über Bord geworfen, und ein neues Wertesystem wird angenommen. Der Wunsch nach Sicherheit in der einen oder anderen Form ist so stark, daß der Mind sich an jedes Muster anpaßt, das ihm Sicherheit verspricht. Aber es gibt keine Sicherheit, und wenn man das wirklich versteht, entsteht ein völlig anderes Bewußtsein, das seine ureigenste Lebensweise hervorbringt. Diese Lebensweise kann nicht verstanden oder nachgeahmt werden. Alles, was man tun kann, ist, sich den Wunsch nach Sicherheit bewußt zu machen und ihn zu verstehen. Das macht uns frei.

Die Erde ist schön, und je mehr man sich dessen bewußt ist, desto schöner ist sie. Die Farben – wie viele verschiedene Grüntöne es gibt, wie viele Schattierungen von Gelb! Es ist erstaunlich, was man entdeckt, wenn man allein ist. Nicht nur die Insekten, die Vögel, das Gras, die verschiedenen Blumen, die Felsen, die Farben und die Bäume, sondern auch die Gedanken, wenn man sie liebt. Wir sind niemals wirklich allein. Weder allein mit uns selbst, noch allein mit der Natur. Es ist leicht, mit einem Wunsch allein zu sein, ihm nicht durch einen Willensakt Widerstand zu bieten, ihn nicht in irgendeine Form von Aktivität umzusetzen, seine Erfüllung nicht zuzulassen, nicht sein Gegenteil hervorzurufen – durch Rechtfertigung oder Verdammung –, sondern einfach mit ihm allein zu sein. Das führt zu einem sehr ungewohnten Zustand; einem Zustand ohne Willensaktivität. Wenn wir mit einem Wunsch allein bleiben, transformiert er sich schließlich selbst. Spiel damit, und sieh, was geschieht; erzwinge nichts, sei einfach spielerisch.

Erziehung – was bedeutet das für uns? Wir lernen zu lesen und zu schreiben, erwerben Fähigkeiten, um unseren Lebensunterhalt zu verdienen, und dann werden wir auf die Welt losgelassen. Von Kindesbeinen an wird uns gesagt, was wir tun sollen, was wir denken sollen; wir werden bis ins Mark von unserer sozialen Umwelt konditioniert.

Ich habe mich gefragt, ob es möglich wäre, den Menschen nur in äußeren Dingen zu unterrichten und auszubilden, so daß sein inneres Wesen frei bliebe. Können wir dem Menschen helfen, innerlich frei zu sein und immer frei zu bleiben? Nur in Freiheit kann der Mensch nämlich kreativ und glücklich sein. Andernfalls wird das Leben zu einer solchen Qual, zu einem inneren und äußeren Kampf. Um innerlich frei zu sein, braucht man außergewöhnliche Achtsamkeit und Weisheit, aber nur wenige sind in der Lage, das zu erkennen. Wir sind nur mit äußeren Dingen beschäftigt und messen der Kreativität wenig Bedeutung bei. Wenn wir das ändern wollen, müssen zumindest einige von uns diese Notwendigkeit begreifen – Menschen, die bereits die innere Freiheit haben und ausstrahlen. Es ist eine seltsame Welt.

Was wir brauchen, ist ein radikaler Wandel im Unbewußten. Kein bewußter Willensakt kann das Unbewußte berühren; der bewußte Wille kann unsere unbewußten Bestrebungen, Motive, Triebe und Wünsche nicht beeinflussen. Deshalb muß der bewußte Verstand in den Hintergrund treten, muß still werden und darf nicht versuchen, das Unbewußte in ein bestimmtes Handlungsschema zu zwingen. Das Unbewußte hat sein eigenes Aktionsmuster, es funktioniert innerhalb seiner eigenen Gesetzmäßigkeiten. Diesen Rahmen kann keine von der Peripherie her gesteuerte Handlung durchbrechen, und der Wille ist eine periphere Eigenschaft. Wenn man diesen Mechanismus wirklich sehen und verstehen kann, wird der Verstand still, und da kein durch den Willen hervorgerufener Widerstand da ist, stellt man fest, daß das Unbewußte beginnt, sich von seinen eigenen Begrenzungen zu befreien. Nur dann findet eine radikale Transformation des gesamten menschlichen Wesens statt.

Würde ist etwas Seltenes. Ein bestimmtes Amt oder eine hohe Stellung verleihen einem Menschen Würde, aber es ist, als würde er einen Mantel anziehen. Der Mantel, die Maskerade, die Stellung verleihen ihm Würde. Nimmt man den Menschen diese Dinge weg, stellt man fest, daß nur sehr wenige jene echte Würde besitzen, die aus innerer Freiheit kommt, aus dem Bewußtsein »nichts« zu sein. Jeder ist begierig darauf, »etwas« zu sein, und dieses »Etwas« gibt ihm eine Stellung, die ihm gesellschaftliche Achtung einbringt. Ordne einen Menschen irgendeiner Kategorie zu – den Klugen, den Reichen, den Heiligen, den Wissenschaftlern –, wenn man ihn nicht einer Kategorie zuordnen kann, die von der Gesellschaft anerkannt wird, bleibt er ein Außenseiter. Würde kann man nicht einfach überstreifen; man kann sie auch nicht kultivieren. Sich der eigenen, durch äußere Dinge verliehenen Würde bewußt zu sein, bedeutet nur, sich seines Egos bewußt zu sein, und das ist eine triviale Angelegenheit. »Nichts« zu sein heißt, frei von dieser Vorstellung zu sein. Zu sein – nicht in einem bestimmten Zustand oder einer bestimmten Position – schenkt einem Menschen wahre Würde, die ihm niemand nehmen kann; sie ist immer da.

Wahre Bewußtheit heißt, den freien Fluß des Lebens zuzulassen, ohne irgendwelche Reste anzusammeln. Der Verstand des Menschen ist wie ein Sieb, das manche Dinge zurückhält und andere passieren läßt.

Was er zurückhält, sind seine eigenen Wünsche und Bestrebungen, und Wünsche, ganz gleich, wie tief, groß oder edel, sind unbedeutend, denn sie kommen aus dem Mind. Wahre Bewußtheit heißt, nichts zurückzuhalten, den Fluß des Lebens ohne Widerstand, ohne Wahl fließen zu lassen. Stets sind wir damit beschäftigt zu wählen, festzuhalten, die Dinge zu wählen, die für uns von Bedeutung sind, um auf ewig daran festzuhalten. Das nennen wir Erfahrung, und die Wiederholung von Erfahrung nennen wir den Reichtum des Lebens. Der Reichtum des Lebens liegt darin, frei zu sein von angesammelten Erfahrungen. Wenn wir an Erfahrungen festhalten, hindern wir uns daran, das Unbekannte zu erleben. Das Bekannte ist nicht der kostbare Schatz, aber der Mind hält daran fest und zerstört oder entwertet das Unbekannte. Das Leben ist eine seltsame Angelegenheit. Glücklich ist der, der »nichts« ist.

Wir werden – zumindest die meisten von uns – ständig von Stimmungen beeinflußt; von vielen verschiedenen Stimmungcn. Wenigen von uns gelingt es, diese Ebene hinter sich zu lassen. Bei einigen werden die Stimmungen hauptsächlich durch ihre körperliche Verfassung hervorgerufen, bei anderen ist es ein mentaler Zustand. Wir lieben dieses Auf und Ab, wir glauben, dieser Wechsel der Stimmungen sei Teil der Existenz. Oder man driftet von einer Stimmung in die andere. Nur wenige Menschen sind nicht in dieser Strömung gefangen, sind nicht in den Kampf des Strebens verstrickt. Diese wenigen besitzen eine innere Beständigkeit, die nichts mit dem Willen zu tun hat, nicht kultiviert wurde; diese Beständigkeit ist weder das Produkt konzentrierten Interesses an einer Sache noch irgendeiner anderen Aktivität. Sie wird uns nur dann zuteil, wenn die Willensaktivität aufhört.

Geld verdirbt den Menschen. Man findet diese besondere Art von Arroganz nur bei den Reichen. Mit sehr wenigen Ausnahmen strahlen die Reichen jedes Landes die Überzeugung aus, sie könnten alles nach ihrem Willen manipulieren, selbst die Götter – und sie könnten ihre Götter kaufen. Reichtum hat nicht nur mit Geld und Guthaben zu tun, sondern gibt dem Menschen die Möglichkeit, Dinge zu tun. Dieses Bewußtsein von Macht verleiht ihm ein pervertiertes Gefühl von Freiheit. Er hat das Gefühl, über anderen zu stehen, anders zu sein. All das gibt ihm das Gefühl der Überlegenheit. Er lehnt sich zurück und beobachtet, wie die anderen sich abmühen, er ist sich seiner eigenen Ignoranz, der Dunkelheit, die in seinem Innern herrscht, nicht bewußt. Geld und Macht bieten ihm eine gute Möglichkeit, vor dieser Dunkelheit zu fliehen, und Flucht ist letztendlich eine Form von Widerstand, die ihre eigenen Probleme mit sich bringt. Das Leben ist eine seltsame Angelegenheit. Glücklich ist der, der »nichts« ist.

Nimm die Dinge leicht, aber sei gleichzeitig innerlich wach und achtsam. Laß keinen Moment verstreichen, ohne Dir vollkommen bewußt zu sein, was innerhalb und außerhalb von Dir geschieht. Sei empfindsam – nicht nur für ein oder zwei Dinge, sondern für alles. Wenn man nur für die Schönheit empfänglich ist und die Häßlichkeit ablehnt, erzeugt man einen inneren Konflikt. Wenn Du die Dinge beobachtest, wirst Du feststellen, daß der Verstand unablässig urteilt – dies ist gut und das ist schlecht, dies ist schwarz und das ist weiß. Du beurteilst Menschen, vergleichst, wertest, rechnest. Der Verstand steht nie still. Können wir aber auch schauen, beobachten, ohne zu urteilen, ohne zu werten und kalkulieren? Nimm die Dinge wahr, ohne sie zu benennen, schau, ob Du das kannst.

Spiele damit. Versuche nicht, es zu erzwingen, laß es sich selbst beobachten. Die meisten Menschen, die versuchen, einfach zu sein, beginnen mit Äußerlichkeiten, entsagen den weltlichen Dingen, aber in ihrem Inneren bleiben sie so verstrickt und gefangen wie zuvor. Wenn man jedoch innerlich einfach wird, beginnt das Äußere dem Inneren zu entsprechen. Innerlich einfach zu sein heißt, frei zu sein von dem »Verlangen nach mehr«, was nicht bedeutet, daß man sich mit dem, »was ist«, zufriedengibt. Von dem Verlangen nach »mehr« frei zu sein heißt, nicht in Begriffen wie Zeit, Fortschritt oder »Erreichen« zu denken. Innerlich einfach zu sein heißt, keine bestimmten Ergebnisse erzielen zu wollen, und das bedeutet, daß sich alle inneren Konflikte auflösen. Das ist wahre Unschuld. Wie kann der Mind einen ständigen Kampf zwischen dem Schönen und dem Häßlichen führen, am einen festhalten und das andere zurückweisen? Dieser Konflikt läßt uns unempfänglich werden und engt unser Blickfeld ein. Jeder Versuch des Verstandes, eine Grenze zwischen beiden zu ziehen, ist noch immer Teil des einen oder Teil des anderen. Der Verstand kann sich nicht von den Gegensätzen befreien, denn es ist der Verstand selbst, der das Schöne und das Häßliche, das Gute und das Schlechte kreiert hat. Er kann sich nicht von seinen eigenen Aktivitäten befreien. Alles, was er tun kann, ist still sein, aufhören zu wählen. Wahl bedeutet Konflikt, und schon ist er wieder in seinen Verstrickungen gefangen. Die Stille des Verstandes ist die Freiheit von der Dualität.

Es ist so viel Unzufriedenheit in der Welt, und die Menschen glauben, eine Ideologie – Kommunismus oder irgendeine andere – könne alle Probleme lösen, könne selbst die Unzufriedenheit aus der Welt schaffen, was sie natürlich niemals kann. Weder der Kommunismus noch irgendeine andere organisierte religiöse Konditionierung kann die Unzufriedenheit vertreiben. Man versucht auf jede erdenkliche Weise, sie zu ersticken, in bestimmte Bahnen zu lenken, mit Inhalt zu füllen, aber sie ist immer da. Wir denken, unzufrieden zu sein, sei ein Fehler, sei irgendwie nicht in Ordnung, und doch kann man die Unzufriedenheit nicht verbannen, man muß sie verstehen. Verstehen bedeutet nicht verurteilen. Gehe also wirklich hinein, beobachte sie ohne den Wunsch, sie zu verändern oder zu kanalisieren. Sei Dir ihrer bewußt, beobachte sie während des Tages, versuche, ihre Mechanismen zu verstehen und bleibe allein mit ihr. Freiheit ist nur dann möglich, wenn der Mind allein ist. Versuche, nur einmal zum Spaß, den Verstand still werden zu lassen, frei von allen Gedanken. Spiele damit, mach keine ernste Angelegenheit daraus, sei bewußt und laß den Verstand still werden, ohne zu kämpfen. Solange wir nach Erfüllung suchen, ist Frustration unvermeidlich.

Wir wünschen uns ständig das Vergnügen der Erfüllung und möchten, daß dieses Vergnügen nie zu Ende geht. Das Ende des Vergnügens bedeutet Frustration, und Frustration bedeutet Schmerz. Also suchen wir wieder nach neuen Möglichkeiten der Erfüllung und werden wieder frustriert. Diese Frustration ist die Strömung des »Ich-Bewußtseins«, die gleichbedeutend ist mit Isolation, Trennung und Einsamkeit. Aus diesen schmerzlichen Zuständen möchten wir wiederum in irgendeine Form von Erfüllung flüchten. Der Kampf um die Erfüllung bringt den Konflikt der Dualität mit sich. Nur wenn wir die Nichtigkeit oder das wahre Wesen der Erfüllung erkennen, die immer mit Frustration einhergeht, können wir in jenen Zustand des Alleinseins gelangen, aus dem es kein Entrinnen gibt. Nur dieser Zustand der Einsamkeit, aus dem wir nicht mehr flüchten, trägt die Befreiung davon in sich. Trennung existiert, weil der Wunsch nach Erfüllung existiert; Frustration ist Trennung.

Es dürfen jetzt keine psychischen Erschütterungen stattfinden, noch nicht einmal unbedeutende oder flüchtige. Diese psychischen Reaktionen beeinflussen den körperlichen Zustand – mit allen negativen Begleiterscheinungen. Sei innerlich sehr stark. Sei fest und klar. Sei vollständig; versuche nicht, vollständig zu sein, sei vollständig. Sei nicht von irgend jemandem oder von irgendeiner Sache oder Erfahrung oder Erinnerung abhängig; die Abhängigkeit von der Vergangenheit, ganz gleich wie schön sie gewesen sein mag, verhindert nur, daß Du in der Gegenwart vollständig bist. Sei achtsam, und laß diese Achtsamkeit nicht erlahmen – nicht einmal für eine Minute.

Schlaf ist sehr wichtig. Während des Schlafes scheinen wir in unbekannte Tiefen vorzudringen, Tiefen, die der bewußte Teil von uns niemals berühren oder erfahren kann. Obwohl man sich vielleicht nicht an die außergewöhnlichen Erfahrungen erinnert, die man in einer Welt jenseits des Bewußten machte, haben sie doch ihre Auswirkungen auf das gesamte Bewußtsein. Das ist wahrscheinlich nicht sehr klar; lies es einfach und spiele damit. Ich glaube, es gibt einige Dinge, die man einfach nicht erklären kann. Es gibt keine angemessenen Worte dafür, und doch existieren diese Dinge.

Besonders für Dich ist es wichtig, einen Körper zu haben, der nicht für jede Krankheit anfällig ist. Du mußt freiwillig alle schönen Erinnerungen und Bilder aufgeben, damit Dein Bewußtsein frei ist, frei für das Echte. Bitte lies diese Zeilen aufmerksam. Alle Erfahrungen, alle Gedanken müssen jeden Tag, jede Minute enden, sobald sie auftauchen, damit der Mind nicht Wurzeln in der Zukunft schlägt. Das ist wirklich wichtig, denn es ist der Schlüssel zu wahrer Freiheit. Auf diese Weise befreist Du Dich von Abhängigkeit, denn Abhängigkeit bringt Schmerz mit sich, der den Körper beeinträchtigt und psychische Widerstände erzeugt und – wie Du schon sagtest – Widerstand schafft Probleme. Man will etwas erreichen, perfekt werden und so weiter. Diese Suche ist mit Kampf, Anstrengung, Bemühen verbunden, und dieses Bemühen führt ausnahmslos zu Frustration. Ich will etwas oder will etwas sein, und schon im Vorgang des »Bekommens« keimt die Gier nach mehr, und das »Mehr« ist nie in Sicht. So hat man ständig das Gefühl, um etwas betrogen zu werden, und das schmerzt. Also sucht man sich eine andere Möglichkeit der Erfüllung mit ihren unvermeidlichen Konsequenzen.

Dieser Kampf, dieses ständige Streben, führt zu immer neuen Konflikten und Verstrickungen, aber warum suchen wir? Weshalb ist unser Verstand unaufhörlich auf der Suche, was treibt ihn an? Weißt Du überhaupt, daß Du auf der Suche bist? Bist Du Dir dessen bewußt? Falls Du es bist, wechselt das Objekt Deiner Suche von Zeit zu Zeit? Kannst Du die Bedeutung dieses Suchens – mit all seinen Schmerzen und Frustrationen – erkennen? Kannst Du sehen, daß das Finden von etwas, das Dir Befriedigung verschafft, gleichzeitig zu Stagnation führt – mit allen Freuden und Ängsten, dem »Fortschritt« und dem Streben zu »werden«? Wenn Du Dir der Tatsache bewußt bist, daß Du suchst, kann der Verstand dann aufhören zu suchen? Und wenn der Verstand nicht sucht, was geschieht mit uns in dem Moment, in dem wir nicht mehr suchen? Spiele damit. Finde es heraus, aber erzwinge nichts, laß nicht zu, daß der Verstand sich selbst in eine bestimmte Erfahrung zwingt, denn dann wird er sich in einer Illusion verlieren.

Ich sah jemanden, der im Sterben lag. Wie sehr wir den Tod doch fürchten! In Wirklichkeit aber fürchten wir uns ebenso vor dem Leben. Wir verstehen nicht zu leben, wir kennen nur das Leid, und der Tod ist in unseren Augen nur der Höhepunkt des Leides. Wir ziehen eine Trennungslinie zwischen Leben und Tod. Dann müssen wir den Tod natürlich schmerzvoll erleben – als Trennung, Einsamkeit, Isolation. Doch das Leben und der Tod existieren nicht voneinander getrennt, sie sind *eine* Strömung. Leben ist Sterben; es bedeutet, jeden Tag alles hinter sich zu lassen, um jeden Tag wieder neu geboren zu werden. Das ist keine theoretische Aussage, sondern eine Wahrheit, die gelebt und erfahren werden muß. Es ist der Wille, dieser ständige Wunsch, etwas zu sein, der das einfache »Sein« völlig zunichte macht. Dieses »Sein« hat absolut nichts mit dem illusionären Zustand der Befriedigung, Erfüllung oder den Schlußfolgerungen des Verstandes zu tun. Einfach zu »sein« bedeutet, sein Ego zu vergessen. Eine Droge, ein Objekt des Interesses, eine Beschäftigung, eine völlige »Identifikation« mit etwas kann einen gewünschten Zustand hervorrufen, aber auch in diesen Zuständen sind wir uns unseres Egos noch bewußt. Wahres »Sein« bedeutet, daß der Wille verschwindet. Spiele mit diesen Gedanken und experimentiere frohgemut.

Es ist ein wolkenloser Morgen, sehr früh, der Himmel ist so rein, so sanft und blau. Alle Wolken scheinen verschwunden, aber es kann sein, daß sie im Laufe des Tages wieder heraufziehen. Nach dieser kühlen Zeit, diesem Wind und Regen, wird der Frühling nun wieder mit Macht hervorbrechen; man spürte ihn schon die ganze Zeit, trotz des kalten Windes, aber nun werden jedes Blatt und jede Knospe aufatmen.

Wie schön die Erde ist, und wie schön die Dinge sind, die sie hervorbringt – die Felsen, die Flüsse, die Bäume, das Gras, die Blumen, die unerschöpfliche Fülle. Nur der Mensch grämt sich, nur er vernichtet seine eigene Spezies, seine eigene Art, nur er beutet seinen Nachbarn aus, tyrannisiert und zerstört. Er ist das unglücklichste Lebewesen und leidet am meisten, er ist der Erfinderischste, der Eroberer von Zeit und Raum. Trotz all seiner Fähigkeiten, trotz seiner wunderschönen Tempel und Kirchen, Moscheen und Kathedralen lebt er in seiner eigenen Dunkelheit. Seine Götter sind Spiegel seiner eigenen Ängste, und seine Liebe ist sein Haß. Was für einen schönen Ort könnten wir aus dieser Erde machen, ohne diese Kriege, ohne diese Ängste? Aber welchen Sinn hat es zu spekulieren? Gar keinen!

Das eigentliche Problem ist die Unzufriedenheit des Menschen, die unvermeidbare Unzufriedenheit. Sie kann auch etwas Wertvolles sein, ein kostbarer Schatz, doch wir fürchten uns davor, versuchen, sie zu verscheuchen, benutzen sie, um bestimmte Ergebnisse zu erzielen. Der Mensch fürchtet die Unzufriedenheit, aber sie ist ein Juwel von unschätzbarem Wert. Lebe mit ihr, beobachte sie Tag für Tag, ohne einzugreifen, ohne ihre Strömung hindern zu wollen; dann wird sie zu einer Flamme, die alle Schlacken verbrennt, und nur das Zeitlose zurückläßt. Lies diese Zeilen mit wachem Verstand.

Der Reiche hat mehr als genug, der Arme hungert und kämpft sein ganzes Leben lang ums Überleben. Einer, der nichts hat, macht vielleicht etwas aus seinem Leben, ist kreativ, während ein anderer, der alle Reichtümer dieser Erde besitzt, vielleicht verkümmert. Gib einem Mann ein Stück Land – er pflegt es, macht es fruchtbar, während ein anderer es vernachlässigen und absterben lassen würde, so wie er selbst innerlich abstirbt. Wir haben so unendlich viele Möglichkeiten, das Namenlose, Göttliche, zu finden oder uns die Hölle auf Erden zu schaffen, aber irgendwie scheint der Mensch es vorzuziehen, Haß und Feindschaft zu säen. Es ist so viel leichter, zu hassen und neidisch zu sein, und da die Gesellschaft auf der Gier nach »mehr« basiert, versuchen die Menschen, sich auf jede erdenkliche Weise so viel wie möglich anzueignen. So tobt ein immerwährender Kampf, der auch noch gerechtfertigt und als ehrenhaft hingestellt wird.

Wir könnten den unbegrenzten Reichtum eines Lebens ohne Kampf, ohne Willen, ohne Wahl genießen, aber unser Leben wird unendlich mühsam, wenn unsere gesamte Kultur das Ergebnis von Kampf und Willen ist. Für fast alle Menschen ist das Verschwinden des Willens gleichbedeutend mit Tod, und ohne irgendeine Form von Ehrgeiz hat das Leben für die meisten von uns keinen Sinn. Es gibt ein Leben ohne Willen, ohne Wahl, und dieses Leben beginnt, wo das vom Willen bestimmte Leben endet. Ich hoffe, es macht Dir nichts aus, all das zu lesen. Lies es leichten Herzens. Die Sonne versucht durch die Wolken zu brechen; wahrscheinlich wird es ihr im Laufe des Tages gelingen. An einem Tag ist Frühling, und am nächsten ist es fast wie im Winter. Das Wetter ist wie ein Spiegel der menschlichen Stimmungen – auf und ab, Dunkelheit und vorübergehende Helligkeit. Weißt Du, es ist schon seltsam, wie sehr wir uns Freiheit wünschen und doch alles tun, um uns zu versklaven. Wir verlieren jeglichen Antrieb. Wir schauen auf andere, die uns führen, uns helfen sollen, großzügig und friedvoll zu sein. Wir schauen auf die Gurus, Meister, Retter, Meditierer. Jemand komponiert eine großartige Musik, jemand anders spielt sie, interpretiert sie auf seine Weise, und wir hören zu, genießen oder kritisieren sie. Wir sind das Publikum, das den Schauspielern oder Fußballspielern zusieht, wir sind die Leute im Zuschauerraum. Andere schreiben Gedichte, und wir lesen sie; andere malen, und wir glotzen auf die Bilder. Wir haben nichts, also wenden wir uns anderen zu, die uns unterhalten, inspirieren, führen oder retten sollen. Die moderne Zivilisation zerstört uns mehr und mehr, läßt uns all unserer Kreativität verlustig gehen. Wir selbst sind innerlich leer, und wir schauen auf andere, um bereichert zu werden. Unser »Nächster« nutzt das aus, um uns auszubeuten, und wir nutzen ihn aus.

Wenn man sich bewußt wird, welche Verstrickungen es mit sich bringt, ständig auf andere zu schauen, wird man frei davon, und diese Freiheit ist der Auftakt zur Entdeckung der eigenen Kreativität. Diese Freiheit ist wahre Rebellion und nicht die Pseudorevolution sozialer oder wirtschaftlicher Lösungen. Eine solche Revolution ist nur eine weitere Form von Versklavung. Unser Verstand baut sich kleine Burgen der Sicherheit. Wir möchten uns aller Dinge sicher sein – unserer Beziehungen, unserer Erfüllung, unserer Hoffnungen und unserer Zukunft. Wir bauen diese inneren Gefängnisse auf, und wehe dem, der versucht, uns dabei zu stören. Es ist seltsam, wie unser Verstand unablässig versucht, eine konfliktfreie Zone zu schaffen, in der uns nichts stören kann. Unser Leben besteht aus nichts anderem als dem ständigen Zusammenbrechen und Wiederaufbauen – in verschiedenen Formen – dieser Sicherheitszonen.

So stumpfen wir innerlich ab. Freiheit besteht darin, keine Sicherheit – welcher Art auch immer – zu haben.

Es ist wirklich eine außergewöhnliche Erfahrung, wenn der Verstand still ist, ohne die geringste Bewegung der Gedanken. Die Ruhe eines abgestorbenen Verstandes hat allerdings nichts mit der echten inneren Stille zu tun. Der Verstand wird mit Hilfe des Willens ruhiggestellt, aber kann er je eine echte tiefe Stille erreichen, die sein gesamtes Wesen umfaßt? Es ist wirklich sehr erstaunlich, was geschieht, wenn der Mind auf diese Weise still ist. In diesem Zustand verschwindet jegliches Bewußtsein, das mit Wissen, mit Wiedererkennen zu tun hat. Die Erinnerung existiert nicht mehr, und es ist sehr interessant zu beobachten, wie der Verstand sein Bestes tut, um diesen jenseitigen

Zustand einzukreisen – durch Denken, durch Verbalisieren, durch Symbole. Wenn dieser Prozeß aber zu einem Ende kommt – spontan und natürlich —, läßt man alles hinter sich, als ob man stürbe. Man möchte nicht sterben, und so findet ein ständiger unbewußter Kampf statt, und diesen Kampf nennen wir Leben. Es ist seltsam, wie sehr die meisten Menschen versuchen, andere zu beeindrucken – durch ihre Errungenschaften, ihre Klugheit, ihre Bücher, durch irgend etwas, das ihr Ego stärkt.

Wie geht es Dir? Sind Deine Tage wie ein loderndes Feuer? Lebst Du tausend Jahre an einem Tag? Es ist seltsam: für die meisten Menschen ist Langeweile etwas sehr Reales. Sie müssen immer etwas tun, mit irgend etwas beschäftigt sein, einer Tätigkeit, einem Buch, der Küche, den Kindern oder Gott. Andernfalls wären sie mit sich selbst allein, und das langweilt sie sehr. Wenn sie mit sich selbst allein sind, werden sie entweder egozentrisch oder krank oder übellaunig. Ein unbeschäftigter Geist, nicht ein abgestumpfter, sondern ein achtsamer, passiver Mind, ein völlig leerer Mind, ist eine wunderbare Sache – birgt unendliche Möglichkeiten. Gedanken sind ermüdend, unkreativ und abstumpfend. Ein Gedanke mag schlau sein, aber mit der Schlauheit ist es wie mit einem scharfen Instrument: sie wird bald stumpf. Deshalb sind schlaue Leute meistens abgestumpft. Sieh zu, daß Dein Verstand still ist, unbeschäftigt, strenge ihn nicht an. Laß die Dinge geschehen, anstatt sie zu forcieren.

Lies diese Zeilen aufmerksam, und laß sie in Dich einsinken. Es ist wichtig, daß Du etwas über den unbeschäftigten Verstand hörst oder liest, und ebenso wichtig ist, wie Du es liest oder wie Du zuhörst.

Es ist wichtig, daß Du die richtigen Körperübungen machst, gut schläfst und daß Dein Tag erfüllt ist. Man gerät so leicht in eine Routine und funktioniert dann nach einem selbstgefälligen Verhaltensmuster oder dem Muster selbsterkorener Rechtschaffenheit. All diese Muster führen ausnahmslos zum Tod, zu einem langsamen Dahinsterben. Einen reichen, erfüllten Tag zu haben, der frei von Zwängen, Ängsten und Konflikten ist – einfach bewußt zu sein bedeutet, kreativ zu sein.

Weißt Du, wir sehen dies zwar sehr selten, aber der größte Teil unseres Lebens besteht aus verblassenden Erinnerungen, Frustrationen und vergeblichen Bemühungen, und das wirkliche Leben rauscht an uns vorbei. Der

Schleier der Abgestumpftheit bedeckt alles, und das Echte verblaßt. Es ist schon ziemlich mühsam, durch diesen Schleier zu dringen, um in der einfachen Klarheit des Lichts dazustehen. Versuche einfach, das zu sehen; das ist alles. Versuche nicht, einfach zu sein. Ein solches Bemühen führt nur zu Verstrikkungen und Elend. Das Versuchen ist Streben, und das Streben kommt immer aus dem Verlangen, dem Wunschdenken mit seinen Frustrationen. Es ist so wichtig, sich von allen emotionalen, psychischen Erschütterungen freizumachen, was nicht heißt, daß man sich innerlich verschließen soll. Diese Erschütterungen errichten allmählich verschiedene psychische Widerstände, die auch den Körper beeinflussen und die verschiedensten Krankheiten mit sich bringen. Das Leben besteht aus einer Reihe von Ereignissen (erwünschten und unerwünschten), und solange wir wählen, welche wir annehmen und welche wir zurückweisen sollen, muß unweigerlich ein Konflikt (der Dualität) entstehen, der die obenerwähnte Erschütterung verursacht. Diese Reihe von Schlägen verhärten das Herz, es ist ein Prozeß, bei dem wir uns innerlich mehr und mehr verschließen, und schließlich leiden wir. Die Strömungen des Lebens zuzulassen, ohne Wahl, ohne eine bestimmte Bewegung, erwünscht oder unerwünscht, sie Wurzeln schlagen zu lassen, erfordert enorme Bewußtheit. Es geht nicht darum, unablässig zu versuchen, bewußt zu sein, was sehr ermüdend wäre, sondern darum, die Notwendigkeit der Bewußtheit zu sehen. Dann wirst Du bemerken, daß ein Prozeß einsetzt, der zur Bewußtheit führt, ohne daß Du Dich dazu zwingst. Man mag weit gereist sein, in den besten Schulen, in verschiedenen Ländern ausgebildet worden sein, die beste Nahrung, Anleitung, das günstigste Klima haben – macht uns all das intelligent? Man kennt solche Leute, aber sind sie intelligent? Die Kommunisten versuchen, wie andere auch (zum Beispiel die Katholiken), den Verstand zu kontrollieren und zu formen. Dieses Formen des Verstandes zeitigt offensichtlich einige Ergebnisse – höhere Effizienz, eine gewisse Schnelligkeit und Aufgewecktheit –, doch das ist nicht Intelligenz. Die hochgebildeten Leute, die sehr viel Wissen gespeichert haben, und jene, die wissenschaftlich ausgebildet sind – sind sie intelligent? Glaubst Du nicht, daß Intelligenz etwas völlig anderes ist? Intelligenz ist die völlige Freiheit von Angst. Jene, deren Moral auf Sicherheit in jeder Form, basiert, sind nicht moralisch, denn der Wunsch nach Sicherheit ist das Produkt der Angst. Angst und der Zwang der Angst, den wir Moral nennen, hat in Wirklichkeit nicht das Geringste mit Moral zu tun. Intelligenz ist die völlige Freiheit von Angst. Sie hat nichts mit Ehrbarkeit und nichts mit den verschiedenen Tugenden zu tun, die auf der Basis von Angst kultiviert wurden. Das Verstehen der Angst bringt eine Qualität des Bewußtseins mit sich, die nichts mit Rationalisierungen des Verstandes zu tun hat.

Es ist gut, mit der Identifikation zu experimentieren. Wie experimentieren wir? Wir bewegen uns vom Einfachsten zum Kompliziertesten. Wir sagen: das ist mein – meine Sandalen, mein Haus, meine Familie, meine Arbeit, mein Gott. Identifikation kommt aus dem Bestreben, Dinge festzuhalten. Das wird zur Gewohnheit. Jede Störung, die diese Gewohnheit unterbrechen könnte, erzeugt Schmerz, und dann bemühen wir uns, den Schmerz zu überwinden. Die Identifikation aber, die Vorstellung von »mein« ist auf etwas Bleibendes gerichtet. Wenn man wirklich damit experimentiert, einfach bewußt ist, ohne den Wunsch zu verändern oder zu wählen, entdeckt man so viele erstaunliche Dinge in seinem Inneren. Der Mind ist die Vergangenheit, die Tradition, die Erinnerungen, die die Grundlage für die Identifikation bilden. Kann der Mind, so wie wir ihn kennen, ohne diesen Identifikationsvorgang funktionieren? Finde es heraus, spiele damit; sei Dir der Identifikation mit den alltäglichsten und den abstraktesten Dingen bewußt. Man entdeckt erstaunliche Dinge – wie das Denken verblaßt, wie es sich selbst zum Narren hält.

Laß die Bewußtheit Deinen Gedanken durch die Labyrinthe des Verstandes folgen, laß sie aufdecken, nicht wählen. So wie wir beschaffen sind, ist es ganz besonders schwer, nicht zu wünschen, bestimmte Dinge oder Ereignisse nicht zu ersehnen; nicht zu vergleichen, aber ganz gleich, unter welchen Bedingungen wir leben, die Wünsche, die Sehnsucht, die Vergleiche hören nicht auf. Wir wollen immer mehr oder weniger, wünschen uns Dauerhaftigkeit eines Vergnügens und das Ausbleiben von Schmerz. Die wirklich interessante Frage aber ist: Weshalb kreiert der Mind ein Zentrum innerhalb seiner selbst, um das er kreist und existiert? Das Leben besteht aus Tausenden von Einflüssen, unzähligen Zwängen, bewußten und unbewußten. Aus dieser Vielzahl der Zwänge und Einflüsse wählen wir einige aus, verwerfen andere und kreieren so allmählich ein Zentrum. Wir lassen diese Zwänge und Einflüsse nicht einfach an uns vorüberziehen, ohne davon berührt zu werden. Jeder Einfluß, jeder Zwang, hat eine Wirkung auf uns, die wir als gut oder schlecht bewerten. Wir scheinen nicht fähig zu sein zu beobachten, uns der Zwänge bewußt zu sein, ohne auf die eine oder andere Art auf sie zu reagieren – sie abzulehnen oder willkommen zu heißen. Dieser Widerstand oder dieses Annehmen bilden die Basis des Zentrums, von dem aus wir handeln. Kann der Mind existieren, ohne dieses Zentrum zu kreieren? Die Antwort kann nur durch Experimentieren gefunden werden, nicht durch irgendeine Form von Zustimmung oder Verneinung. Experimentiere also und finde es heraus. Das Verschwinden dieses Zentrums bedeutet wahre Freiheit.

Man regt sich auf, ist ängstlich, manchmal voller Furcht. Diese Dinge geschehen. Es sind die Unfälle des Lebens. Das Leben ist ein wolkiger Himmel. Vor ein paar Tagen war es klar und sonnig, nun regnet es; es ist bedeckt und kühl. Dieser Wechsel ist ein Teil des unvermeidlichen Wandlungsprozesses des Lebens. Spannungen oder Ängste treten plötzlich auf; es gibt Gründe dafür, versteckte oder halbbewußte, und mit ein wenig Achtsamkeit kann man diese Gründe aufdecken. Das Wichtigste jedoch ist, daß man diesen Ereignissen oder Vorfällen keine Zeit läßt, Wurzeln zu schlagen, weder vorübergehend noch dauerhaft. Man erlaubt ihnen aber, Wurzeln zu schlagen, wenn man beginnt zu vergleichen, zu rechtfertigen, zu urteilen oder zu akzeptieren. Weißt Du, man muß stets innerlich auf den Fußspitzen stehen, ohne die geringste Anspannung. Spannung entsteht, wenn man ein bestimmtes Resultat wünscht, und das Ergebnis dieses Wünschens erzeugt wiederum Spannung, die unterbrochen werden muß. Laß das Leben fließen.

Es ist so fatal einfach, sich an alles zu gewöhnen, jede Unannehmlichkeit, jede Frustration, jede fortgesetzte Befriedigung. Man kann sich an alle Umstände anpassen, an Verrücktheit oder Asketentum. Wir lieben es, in vorgegebenen Bahnen, in Gewohnheiten zu funktionieren, und das nennen wir dann »Leben«. Wenn man das erkennt, bricht man aus diesen Bahnen aus und versucht, ein Leben zu führen, das keinen Sinn hat, keine Stützbalken, keine bestimmten Ziele verfolgt. Wenn man nicht sehr achtsam ist, können auch Interessen zu Gewohnheiten werden. In all dem wirst Du den Mechanismus des Willens erkennen, des Willens zu sein, etwas zu erreichen, etwas zu werden und so weiter. Der Wille ist das Zentrum des Wählenden, und solange der Wille existiert, kann der Mensch nur in gewohnten Mustern funktionieren – selbstgewählten oder von außen auferlegten.

Das eigentliche Problem ist, vom Willen frei zu werden. Man kann verschiedene Tricks anwenden, um sich vom Willen, dem Zentrum des »Ichs«, dem Wählenden, zu befreien, aber er wird unter einem anderen Namen, hinter einer anderen Maske zurückkehren. Wenn man wahrhaft erkennt, was Gewohnheit bedeutet, was es heißt, sich an Dinge zu gewöhnen, zu wählen, zu benennen, ein Interesse zu verfolgen, wenn man sich all dessen bewußt ist, dann geschieht das eigentliche Wunder: der Wille verschwindet. Experimentiere damit, sei Dir all dessen bewußt, von Moment zu Moment, ohne Wunsch, irgendwo anzukommen.

Südliche Himmel und nördliche Himmel sind so außerordentlich verschieden. Hier in London ist zur Abwechslung einmal kein einziges Wölkchen am zartblauen Himmel zu sehen, und die großen Bäume fangen gerade an, das erste Grün zu zeigen. Hier erwacht der Frühling, doch die Stadt ist schmutzig, und die Leute sind nicht so fröhlich und lebendig wie die Menschen im Süden.

Ein ruhiger, doch sehr achtsamer, bewußter Mind ist ein Segen; er ist wie die Erde, reich, reich an Möglichkeiten. Nur mit einer solchen Geisteshaltung, die nicht vergleicht und nicht verdammt, kann man an diesem unermeßlichen Reichtum teilhaben.

Laß nicht zu, daß der Rauch des Alltäglichen Dein Feuer erstickt. Du mußt weitergehen, Dich losreißen, zerstören, darfst keine Wurzeln schlagen. Laß kein Problem Wurzeln schlagen; werde sofort damit fertig und wache jeden Morgen frisch, jung und unschuldig auf ...

Geh weise mit Deinem Körper um, laß nicht zu, daß Gefühle Deine Gesundheit oder Dein Handeln beeinträchtigen. Es gibt so viele Einflüsse und Zwänge, die ununterbrochen auf Kopf und Herz einwirken, mach sie Dir bewußt; geh hindurch und laß Dich von ihnen nicht versklaven. Sei wach, sei wie eine Flamme.

Tritt Deiner Angst entgegen, lade sie ein, laß Dich aber nicht plötzlich unerwartet von ihr überfallen, sondern konfrontiere Dich täglich mit ihr; verfolge sie aufmerksam und entschlossen. Ich hoffe, es geht Dir gut, und all das beunruhigt Dich nicht zu sehr; wahrscheinlich kann es geheilt werden, wir werden uns darum kümmern. Fürchte Dich nicht davor.

Tief im Innern findet vielleicht eine Verkümmerung statt; Du bist Dir dessen vielleicht nicht bewußt, oder Du beachtest es einfach nicht. Die Welle des Verfalls ist stets drohend über uns, über jedem von uns, ganz gleich, wer es ist. Vor dieser Welle zu sein, ihr ohne Reaktion zu begegnen und auf diese Weise aus ihr herauszukommen, erfordert große Energie. Diese Energie wird Dir nur zuteil, wenn Du frei von Konflikten bist – bewußten oder unbewußten. Sei sehr wach.

Laß keine Probleme Wurzeln schlagen. Geh schnell durch sie hindurch, schneide durch sie hindurch wie durch Butter. Laß nicht zu, daß sie Narben hinterlassen. Schließe mit ihnen ab, sobald sie auftauchen. Du kannst nicht vermeiden, daß Probleme auftauchen, aber Du mußt sofort mit ihnen fertig werden. In Deinem Inneren hat ein spürbarer Wandel stattgefunden; Du bist vitaler, stärker und klarer geworden. Erhalte Dir diese Kraft, laß sie wirken, gib ihr Gelegenheit, sich auszudehnen und zu vertiefen. Was auch geschehen mag, laß Dich nicht von äußeren Ereignissen und Umständen erdrücken, auch nicht von der Familie oder Deinem Gesundheitszustand. Nimm gute Nahrung zu Dir, bewege Dich ausreichend, werde nicht träge. Du hast einen bestimmten Zustand erreicht – nun geh weiter, bleib nicht stehen, geh vorwärts, oder Du wirst regredieren. Du kannst nicht stehenbleiben. Du bist so viele Jahre auf der inneren Welle geritten – zurückgezogen, verinnerlicht, aber nun mußt Du nach außen gehen; geh mehr unter Menschen – dehne Dich aus.

Ich habe in letzter Zeit sehr viel meditiert, und es war sehr gut. Ich hoffe, Du tust es auch. Beginne damit, Dir jeden Gedanken, jedes Gefühl bewußt zu machen, den ganzen Tag lang. Das läßt die Nerven und das Gehirn zur Ruhe kommen – man kann es nicht durch Kontrolle erreichen –, und dann beginnt die Meditation wirklich. Tue es gründlich. Was auch geschieht – laß nicht zu, daß der Körper die Art des Denkens bestimmt, doch schenke auch dem Körper Aufmerksamkeit; nimm die richtige Nahrung zu Dir und versuche, einige Stunden am Tag allein zu sein. Geh nicht rückwärts und laß Dich nicht von den Umständen zwingen. Sei total, sei wach.

Anmerkung des Verlages:

Im vorliegenden Text wurde der englische Begriff „mind" zum Teil beibehalten, da es für ihn kein gleichbedeutendes deutsches Wort gibt. „Mind" kann u.a. mit Denkvermögen, Verstand, Gemüt und Geist übersetzt werden. Geist ist hier jedoch nicht im Sinne des englischen „spirit" zu verstehen.

Pupul Jayakar

Krishnamurti - Ein Leben in Freiheit

Die autorisierte Biographie
496 Seiten, gebunden mit
Schutzumschlag,
41 s/w Abbildungen
Format 15 x 23,5 cm
Euro (D) 24,90
SFr. 42,00
ISBN 3-929345-18-8

Diese Biographie erzählt das Leben Krishnamurtis. Geboren 1895 und als Fünfzehnjähriger von den Theosophen als Weltlehrer erkannt, wurde Krishnamurti zu einem der berühmtesten und bedeutendsten spirituellen Lehrer des 20. Jahrhunderts.

Der Bogen, den die Autorin auf den fast 500 Seiten spannt, beginnt mit Krishnamurtis ungewöhnlicher Geburt und endet 1886 mit ihrem letzten Besuch an seinem Sterbebett. Dazwischen entfaltet sie das Panorama eines tiefgründigen Lebens mit Krishnamurtis privater Seite, seiner spirituellen Entwicklung mit den schweren Prüfungen, seinem persönlichen, politischen und sozialen Engagement in aller Welt, seinen Reisen und den Begegnungen mit Politikern, Künstlern, Mystikern und Magiern seiner Zeit.

Dabei entfaltet Pupul Jayakar Krishnamurtis Lehre organisch anhand seiner Lebensumstände, ohne dabei abstrakt zu werden. Dies macht das Buch auch für Krishnamurti-Anfänger besonders lohnend. Wogegen die Detailfülle aus seinem persönlichen Leben dieses Buch für Krishnamurti-Anhänger zu einem absoluten Liebhaberbuch machen.

„Maßgebend ... unschätzbar ... intelligent."

The New York Times

„Dieses Buch zu lesen, macht einen zu einem besseren Menschen."

Phiroz Mehta, Autor von
The Heart of Religion, Holistic Consciousness